YBEP
중국어국제학습연변대학센터

중국 연변교육출판사
중국어국제학습연변대학센터

펴낸날 2014년 1월 10일
펴낸이 한명웅
펴낸곳 중국 연변교육출판사
감 수 이형석 한국 중앙대학교 인문대학교 중어중문과 교수
안국봉 중국 중국어국제학습연변대학센터 교수
김춘근 중국 연변교육출판사 교재연구개발센터 교수
지은이 장철남 양춘광 문옥란 김해영
그림 공시운 이동국 전설화 장향희
표지 디자인 전설화
내용 디자인 전설화
진행 남애순
인쇄 신영인쇄 | 제본 탄탄북스
등록번호 제 313-2012-144호
한국지사 주소 서울시 마포구 독막로 320(도화동 태영데시앙 803호)
전화 02)3272-6524 | 팩스 02)3272-6525
본사 주소 중국 길림성 연길시 우의로 363호
전화 (86)433-2913954 팩스(86)433-2913932
ISBN 978-89-97964-29-1 ISBN 978-89-97964-26-0 (세트)

※ 잘못된 책은 구입한 서점에서 교환해 드립니다.

이 책의 구성

워크북 워크북1권+오디오CD1장

Work Book

- 다양한 연습문제로 메인북 내용을 복습합니다.
- 한자를 획순에 따라 쓰면서 익힐 수 있습니다.
- 본문 내용을 바탕으로 한 모의문제로 신HSK3급 시험을 체험해 봅니다.

오디오 CD

- 중국 원어민 선생님의 녹음으로 생동감 있는 듣기 연습을 할 수 있습니다.

메인북 메인북1권+전자북CD1장

Main Book

- 신HSK3급 시험요강을 바탕으로 중국어 기본문법과 생활회화를 쉽고 재미있게 배울 수 있습니다.
- 본문에서 배운 회화를 읽기, 듣기, 말하기 연습을 하면서 익혀 봅니다.

전자북 CD

- 컴퓨터에 전자북CD를 넣어보세요. 생생한 화면과 중국 원어민의 발음으로 혼자서도 중국어 공부를 할 수 있습니다.

차례

1. 祝你生日快乐 4

2. 我们经常在一起学习 7

3. 怎么锻炼身体 10

4. 这家的鱼又好吃又便宜 13

5. 北京是世界有名的旅游城市 16

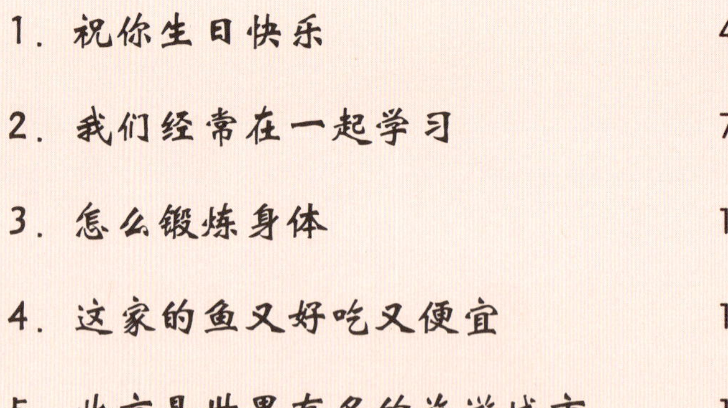
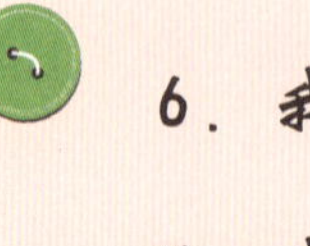

6. 我记得她家就在这附近 19

7. 我真担心你的健康 22

8. 把我的伞拿去用吧 25

9. 考试终于结束了 28

10. 以后我会注意的 31

11. 我特别想见他 34

12. 应该想个办法 37

13. 一不小心就会感冒 40

14. 我现在又渴又饿 43

15. 我马上回去 46

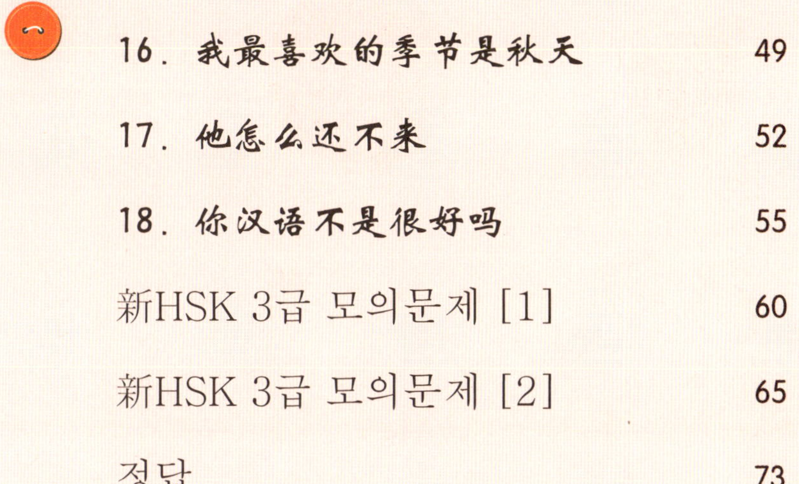

16. 我最喜欢的季节是秋天 49

17. 他怎么还不来 52

18. 你汉语不是很好吗 55

新HSK 3급 모의문제 [1] 60

新HSK 3급 모의문제 [2] 65

정답 73

1 祝你生日快乐

1 녹음을 잘 듣고 알맞은 그림에 체크해 봅시다. 01-1

①

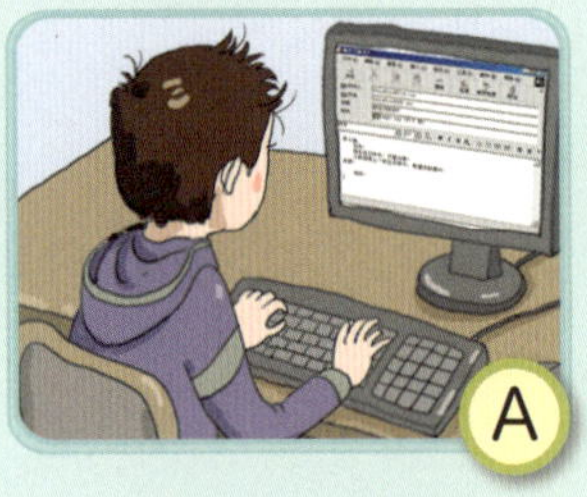
A

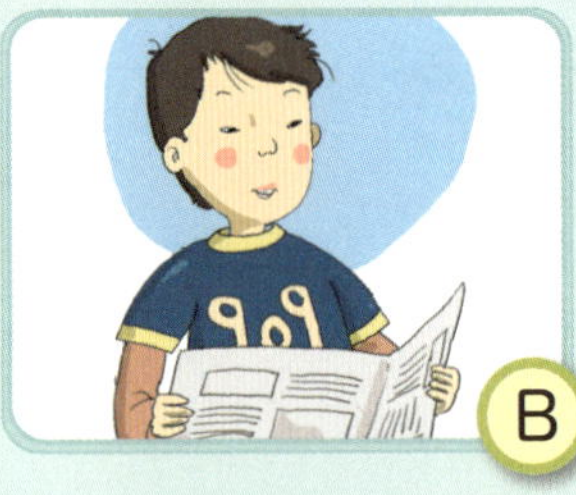
B

②

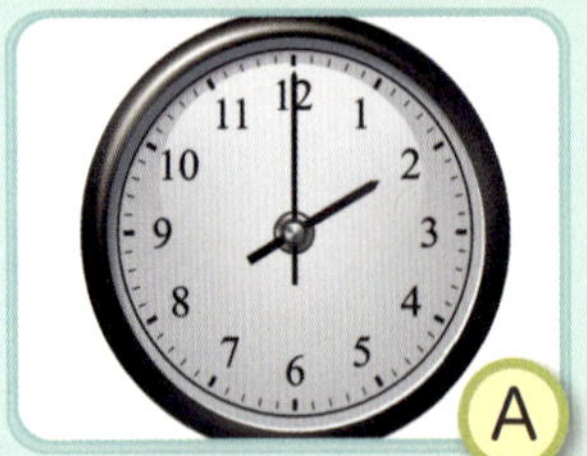
A

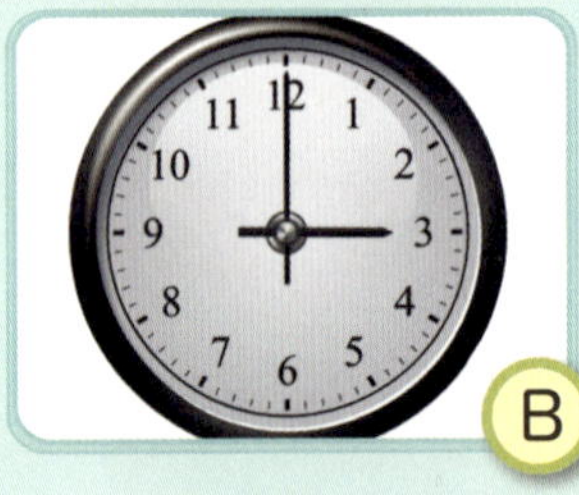
B

③

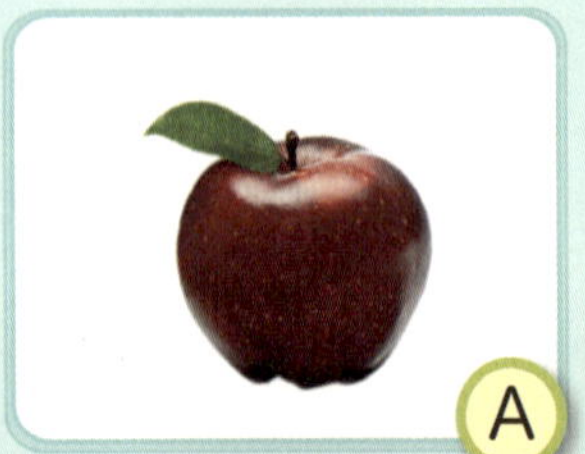
A

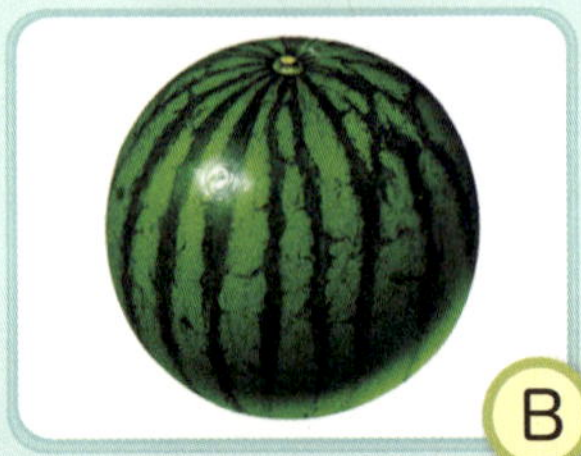
B

④

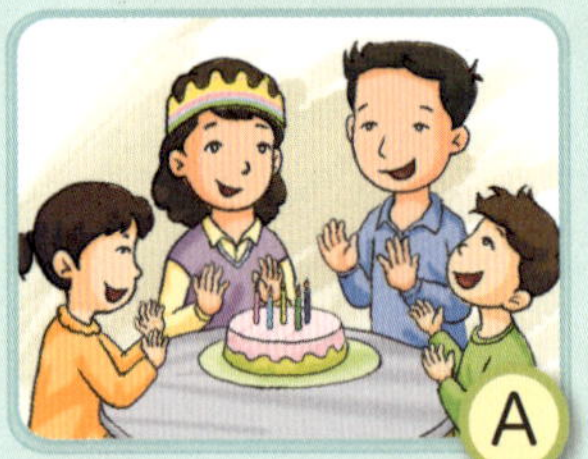
A

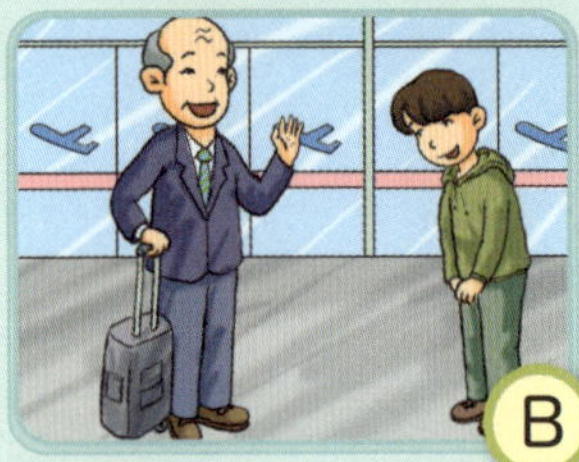
B

⑤

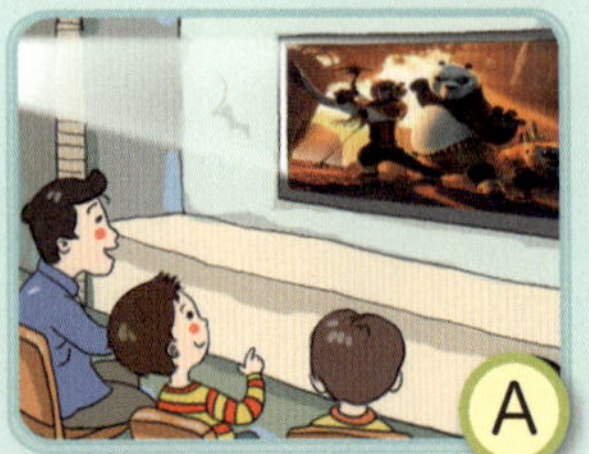
A

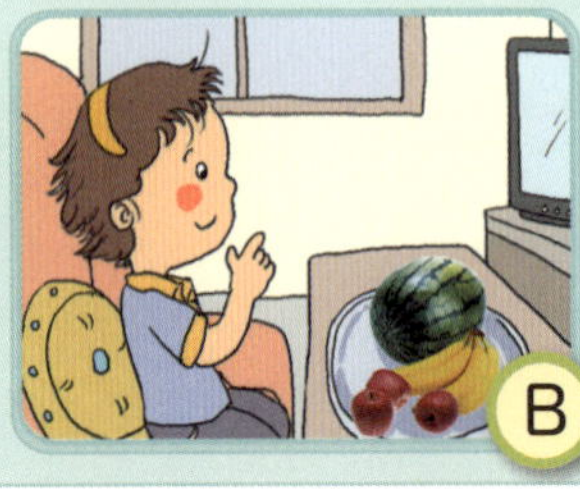
B

2 바르게 읽고 질문에 대답해 봅시다.

① 明天是妈妈的生日，我和妹妹想买生日蛋糕，祝妈妈生日快乐。
问: “我”和妹妹想买什么?

② 喂，我们五点去参加小丽的生日晚会，你看怎么样?
问: “我们”打算几点去参加小丽的生日晚会?

③ 爸爸说爷爷生病了。我打算星期天跟爸爸一起到爷爷家。
问: “我”为什么要到爷爷家?

④ 今晚他想在家上网，不想去看电影。
问: 今晚他想做什么?

3 그림을 보고 '보기'처럼 말해 봅시다.

보기

- 你有哪些爱好?
- 我有很多爱好。除了上网、听音乐，还喜欢体育运动。

- 你有哪些爱好?
- ______________________________

4 그림을 보면서 중국어로 번역해 말해 봅시다.

5 획순에 따라 한자를 써 봅시다.

zhù 祝: ` ㇇ 礻 礻 礻 祀 祀 祀 祝

祝	祝	祝		

dìng 定: ` 丶 宀 宀 宁 宁 定 定

定	定	定		

chú 除: 阝 阝 阝 阶 阶 险 除 除 除

除	除	除		

ài 爱: 一 ⺈ ⺈ 爫 爫 爫 爫 爱 爱 爱

爱	爱	爱		

yóu 游: 丶 丶 氵 氵 氵 氵 氵 氵 游 游 游 游

游	游	游		

yīn 音: ` 亠 亠 立 立 产 音 音 音

音	音	音		

6 '보기'처럼 문장을 완성해 봅시다.

보기 妈妈 今天 的 是 生日 今天是妈妈的生日。

① 生日 祝 妈妈 快乐 ____________________

② 爱好 你 什么 的 是 ____________________

2 我们经常在一起学习

1 잘 듣고 그림과 일치하면 √, 아니면 ×로 표시해 봅시다. 

① 

② 

③ 

④ 

⑤ 

⑥ 

⑦ 

⑧ 

2 알맞은 낱말을 골라 넣어 대화를 완성해 봅시다.

A 经常　B 那么　C 其实　D 把　E 更　F 教

① a:你普通话说得真好。

b:你不知道，(　　)她说得比我还好。

② a:我和弟弟谁像我爸?

b:都像，你长得(　　)像。

③ a:张老师是北京人吗?

b:他是北京人，(　　)我们汉语。

④ a:今天天气比昨天热吗?

b:今天没有昨天(　　)热。

⑤ a:你们(　　)在一起学习汉语吗?

b:不一定，有时我自己学习汉语。

⑥ a:你能(　　)他介绍给我吗?

b:可以介绍给你。

3 '보기'처럼 말해 봅시다.

보기 说得**没有**你**那么**好。

① 穿得没有你那么__________。

② 吃得没有________________。

4 그림을 보면서 중국어로 번역해 말해 봅시다.

5 획순에 따라 한자를 써 봅시다.

6 '보기'처럼 한자를 써 봅시다.

보기 其实你长得很（ 像 xiàng ）妈妈。

① 他的汉语水平很（ gāo ）。

② 你能（ bǎ ）这位朋友介绍给我吗？

3 怎么锻炼身体

1 잘 듣고 그림과 일치하면 √, 아니면 ×로 표시해 봅시다. 

① 

② 

③ 

④ 

⑤ 

⑥ 

⑦ 

⑧ 

2 서로 어울리는 문장의 알파벳을 네모칸 안에 써넣어 봅시다.

A 我可不敢带，她是胆小鬼，害怕骑马。

B 是啊，天气太冷了，要小心感冒了。

C 主要是他对自己要求高。

D 不用谢。祝你生日快乐！

E 不一定。或者去日本，或者去美国。

① 他的汉语水平提高得很快。

② 这次旅游你打算去中国吗？

③ 今天不是刮风就是下雪。

④ 明天去骑马带不带小红？

⑤ 谢谢你参加我的生日。

3 그림을 보고 '보기'처럼 말해 봅시다.

보기 我爸爸经常锻炼身体。他每天不是爬山就是跑步。

××经常锻炼身体。____________________

4 그림을 보면서 중국어로 번역해 말해 봅시다.

5 획순에 따라 한자를 써 봅시다.

6 '보기'처럼 문장을 완성해 봅시다.

보기 明天 骑马 我 打算 去 明天我打算去骑马。

① 很好 爸爸 的 身体 ______________________

② 爬山 我们 星期天 去 ______________________

4 这家的鱼又好吃又便宜

1 녹음을 잘 듣고 알맞은 그림에 체크해 봅시다. 

① 

② 

③ 

④ 

2 알맞은 낱말을 골라 넣어 대화를 완성해 봅시다.

A 又……又　B 还是　C 一共　D 欢迎　E 需要

① a:你是去北京，(　　)去上海？
b:我想去上海，因为我没去过。

② a:那儿的水果怎么样？
b:这儿的水果(　　)新鲜(　　)便宜。

③ a:从学校到火车站走路(　　)多长时间？
b:要走二十分钟。

④ a:昨晚参加小红生日的有多少人？
b:加上我(　　)有八个人。

⑤ a:先生，找您三十块，请拿好，(　　)下次再来？
b:谢谢！

3 그림을 보고 '보기'처럼 말해 봅시다.

보기 中午，姐姐带我出去吃午饭。我们点了两碗面条，还有果汁。我们一共花了50块。

晚上××带我出去吃晚饭。＿＿＿＿＿＿＿＿＿＿＿＿＿＿

4 그림을 보면서 중국어로 번역해 말해 봅시다.

5 획순에 따라 한자를 써 봅시다.

jiǔ 酒: 丶 丶 氵 氵 汀 沂 洒 洒 酒 酒

酒	酒	酒		

xū 需: 一 ┌ 冖 币 币 雨 雨 雨 雨 雫 雫 雯 需 需

需	需	需		

wǎn 碗: 一 丆 丆 石 石 石 石' 矿 矿 矿 砣 砣 碗 碗

碗	碗	碗		

gòng 共: 一 十 卄 土 共 共

共	共	共		

jiā 加: ㇆ 力 力 加 加

加	加	加		

ná 拿: 丿 人 人 亼 合 合 合 拿 拿 拿

拿	拿	拿		

6 '보기'처럼 한자를 써 봅시다.

보기 请来一杯葡萄(jiǔ 酒)。

① 他需要一(wǎn　　)面条。

② 请你把杯子(ná　　)来好吗?

5 北京是世界有名的旅游城市

1 잘 듣고 알맞은 그림의 알파벳을 네모칸 안에 써넣어 봅시다.

A 

B 

C 

D 

E 

F 

① ☐

② ☐

③ ☐

④ ☐

⑤ ☐

⑥ ☐

2 바르게 읽고 '보기'처럼 알맞은 답을 골라 봅시다.

보기 在北京的时候，我去过长城和天安门，但没去过故宫。
★他在北京没去过的地方是哪里？（ C ）
A 天安门　　B 长城　　C 故宫

① 这家饭馆的中国菜可好吃了，我已经吃了好几回。
★这家饭馆里好吃的是什么？（　　）
A 日本菜　　B 韩国菜　　C 中国菜

② 这位女同学不但长得漂亮，而且人也很热情。
★女同学长得怎么样？（　　）
A 高　　B 好看　　C 小

③ 要去那里，不用坐出租车，坐地铁更方便。
★去那里，坐什么更方便？（　　）
A 出租车　　B 公共汽车　　C 地铁

④ 衣服洗得真干净，是谁教你的？
★什么洗得干净？（　　）
A 碗　　B 衣服　　C 帽子

3 그림을 보고 '보기'처럼 말해 봅시다.

보기 首尔是韩国的首都，那里有青瓦台(Qīngwătái, 청와대)和景福宫(Jĭngfúgōng, 경복궁)，每年去首尔旅游的人很多。

北京是____

____

4 그림을 보면서 중국어로 번역해 말해 봅시다.

5 획순에 따라 한자를 써 봅시다.

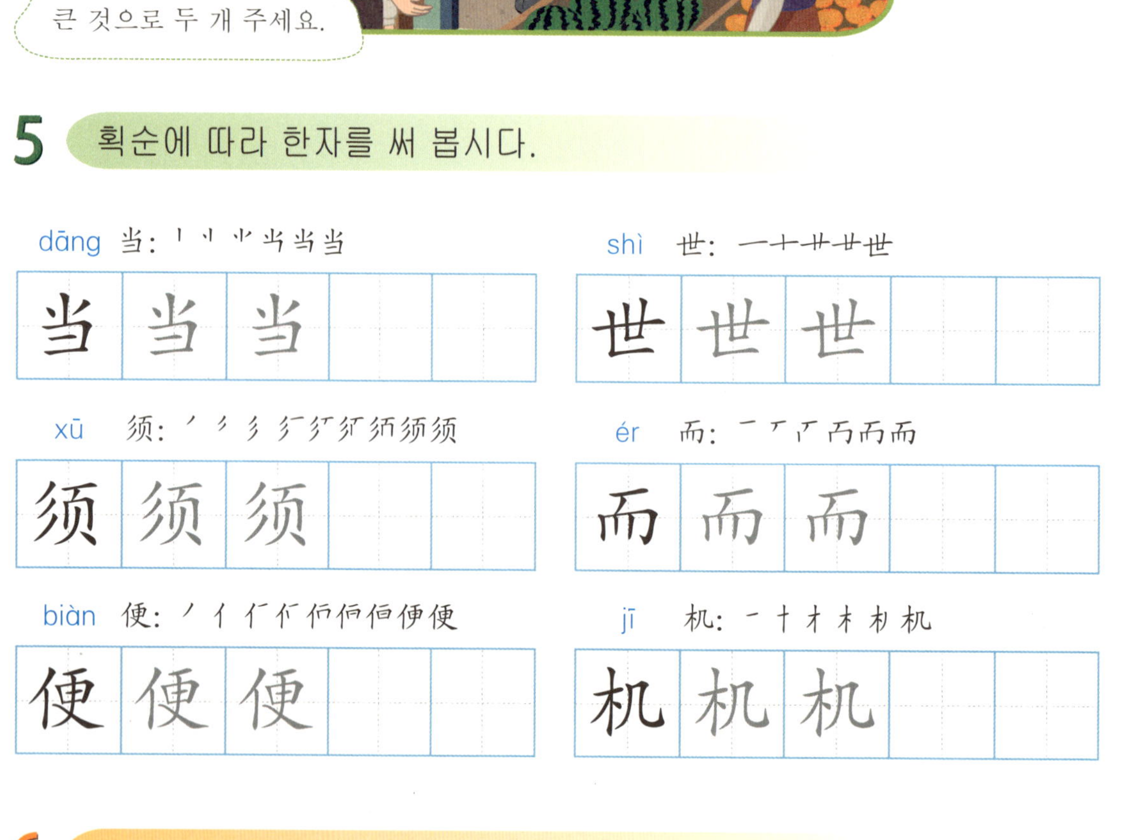

6 낱말을 순서에 맞게 배열하여 문장을 만들어 봅시다.

① 地铁 当然 坐 了 方便 ______________________

② 好地方 是 听说 北京 旅游的 ______________________

6 我记得她家就在这附近

1 녹음을 잘 듣고 알맞은 그림을 체크해 봅시다. 

① A B

② A B

③ A B

④ A B

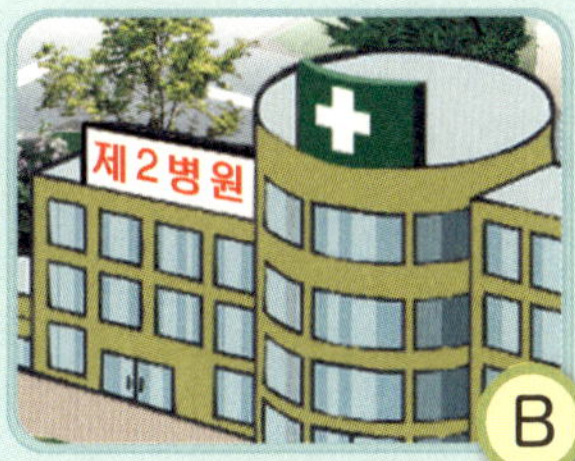

⑤ 3 A 4 B

2 알맞은 낱말을 골라 넣어 대화를 완성해 봅시다.

A 如果　B 一直　C 别　D 记得

① a:请问，银行在哪儿？
　b:(　　)向前走五十米就是。

② a:你知道金老师家在几楼吗？
　b:我(　　)金老师家在六楼。

③ a:今天下午去踢球，你(　　)不能来，就打电话告诉我。
　b:知道了。

④ a:明天我们去爬山，可(　　)忘记带地图。
　b:我不会忘记的。

3 그림을 보고 '보기'처럼 말해 봅시다.

보기

- 你朋友家在哪儿？
- 我朋友家在银行附近的楼房里。旁边还有超市，买东西也很方便。

- ××家在哪里？
- ______________________________

4 그림을 보면서 중국어로 번역해 말해 봅시다.

5 획순에 따라 한자를 써 봅시다.

6 '보기'처럼 한자를 써 봅시다.

보기 别(着 zháo)急，超市还没关门呢。

① 一(zhí)向前走就是银行。

② 你家住几(lóu)？

7 我真担心你的健康

1 잘 듣고 알맞은 그림의 알파벳을 네모칸 안에 써넣어 봅시다.

A 

B 

C 

D 

E 

F 

① 

② 

③ 

④ 

⑤ 

⑥ 

2 바르게 읽고 알맞은 답을 골라 봅시다.

① 妹妹从小就有一边吃饭，一边看书的习惯，我很担心她的身体。
★"我"担心的是：
A 妹妹不看书　　B 妹妹的健康　　C 自己的身体

② 昨天，我在机场见到了小红。她跟以前一样，还是那么喜欢说话。
★小红现在怎么样？
A 爱说话　　B 不爱说话　　C 爱笑

③ 我发现弟弟每天吃十个鸡蛋。我说他吃得太多，他就不高兴了。
★弟弟喜欢吃什么？
A 蛋糕　　B 鱼　　C 鸡蛋

④ 冰箱里没有香蕉，只有妈妈买来的西瓜。你想吃就去拿来吧。
★冰箱里有什么水果？
A 苹果　　B 西瓜　　C 香蕉

⑤ 哥哥把洗手间打扫得很干净。妈妈一定会高兴的。
★打扫洗手间的是谁？
A 妈妈　　B 弟弟　　C 哥哥

3 그림을 보고 '보기'처럼 말해 봅시다.

보기 跟以前一样，她喜欢跳舞。

① 跟以前一样，＿＿＿＿＿＿。
② ＿＿＿＿＿＿，她喜欢看书。
③ ＿＿＿＿＿＿，＿＿＿＿＿＿。

4 그림을 보면서 중국어로 번역해 말해 봅시다.

5 획순에 따라 한자를 써 봅시다.

6 '보기'처럼 문장을 완성해 봅시다.

보기 一边 她 总是 看书 吃饭 一边 她总是一边看书，一边吃饭。

① 洗手间 有 吗 这里 ______________________________

② 发现 我 她 汉语 讲 能 ______________________________

8 把我的伞拿去用吧

1 잘 듣고 알맞은 그림에 체크해 봅시다. 

②

③

④

2 서로 어울리는 문장의 알파벳을 네모칸 안에 써넣어 봅시다.

A 还没还呢，我想再看几天。

B 我也是，今天工作太累了。

C 一会儿刮风，一会儿下雨，很不好。

D 我们坐出租车回家吧。

E 你就放心吧，他做事很努力，很认真。

① 雨下得越来越大，怎么回家呢？ [ ]

② 太累了，真想舒舒服服地睡一觉。 [ ]

③ 那里的天气怎么样？ [ ]

④ 你借的书还给她了吗？ [ ]

⑤ 我担心他做不了。 [ ]

3 그림을 보고 '보기'처럼 말해 봅시다.

보기 下午，天上开始下起了小雨。不一会儿，雨下得越来越大。我不能去超市了。

××，______________________________

4 그림을 보면서 중국어로 번역해 말해 봅시다.

5 획순에 따라 한자를 써 봅시다.

6 '보기'처럼 한자를 써 봅시다.

보기 雨下得(越 yuè)来(越 yuè)大了。

① 他(zǒng)是认真(nǔ)力地锻炼。

② 这儿很舒服，你(fàng)(xīn)地睡吧。

9 考试终于结束了

1 잘 듣고 그림과 일치하면 √, 아니면 ×로 표시해 봅시다.

① 

② 

③ 

④ 

⑤ 

⑥ 

⑦ 

⑧ 

2 알맞은 낱말을 골라 넣어 대화를 완성해 봅시다.

A 终于　B 虽然　C 比较　D 以前　E 以后

① a:你对这次考试成绩满意吗?
b:我对这次考试成绩是(　　)满意的。

② a:你哥在哪儿工作?
b:他(　　)在宾馆工作，现在在学校工作。

③ a:我(　　)学会了骑自行车。
b:以前你不会骑车吗?

④ a:你明白我说的话吗?
b:我明白，你放心吧。(　　)我会听妈妈的话。

⑤ a:你的汉语成绩怎么样?
b:我的汉语成绩(　　)一般，但我会努力的。

3 그림을 보고 '보기'처럼 말해 봅시다.

보기
- 考试结束后，你有什么打算?
- 考试结束后，我想和同学们一起坐火车去旅游。

- 考试结束后，你打算做什么?
- ______________________________

4 그림을 보면서 중국어로 번역해 말해 봅시다.

5 획순에 따라 한자를 써 봅시다.

zhōng 终: ㄥ ㄠ 纟 纟 约 终 终 终

终	终	终		

nán 难: ㄱ 又 ㄡ 对 对 难 难 难 难 难

难	难	难		

suī 虽: 丨 口 口 吕 吕 吕 吊 虽 虽

虽	虽	虽		

rán 然: ノ ク 夕 夕 夕 外 外 外 然 然 然 然

然	然	然		

xué 学: 丶 丷 ⺍ ⺌ 兴 学 学 学

学	学	学		

yì 意: 丶 亠 亠 立 立 产 音 音 音 音 意 意 意

意	意	意		

6 '보기'처럼 문장을 완성해 봅시다.

보기 虽然 容易 不难 但 也 不 虽然不难，但也不容易。

① 数学 结束 了 终于 考试 ________________

② 他 学 得 汉语 好 比较 ________________

10 以后我会注意的

1 잘 듣고 그림과 일치하면 √, 아니면 ×로 표시해 봅시다.

① 

② 

③ 

④ 

⑤ 

⑥ 

⑦ 

⑧ 

2 바르게 읽고 질문에 대답해 봅시다.

① 男：动物园怎么走？
女：先坐公共汽车，然后再换地铁。
问：男的要去哪儿？

② 男：你最近几乎天天迟到，老师生气了。
女：以后我会注意的。
问：老师为什么生气了？

③ 男：妈妈，今天谁来我们家？
女：你爸的朋友要来。
问：谁的朋友要来？

④ 男：自行车放在哪儿了？
女：放在楼下了，是白色的。
问：自行车是什么颜色的？

3 그림을 보고 '보기'처럼 말해 봅시다.

보기 学校离我家很远。我每天早上六点从家里出来，先坐公共汽车，然后再换地铁，上学很不方便。

我家离百货商店很远。我________________________________

____

4 그림을 보면서 중국어로 번역해 말해 봅시다.

- 나는 매일 아침 6시에 일어나요. ____________________
- 먼저 세수를 한 다음 아침밥을 먹어요. ____________________
- 나는 7시 반에 학교로 가요. ____________________

5 획순에 따라 한자를 써 봅시다.

dào 到: 到 到 到

xiān 先: 先 先 先

huàn 换: 换 换 换

dēng 灯: 灯 灯 灯

jiù 旧: 旧 旧 旧

tóng 同: 同 同 同

6 '보기'처럼 한자를 써 봅시다.

보기 你上学怎么天天(迟 chí)到呢?

① 我有事一会儿去，你(xiān)去吧。

② 妈妈，把旧(dēng)也换了吧。

11 我特别想见他

1 녹음을 잘 듣고 알맞은 그림에 체크해 봅시다. 

①

A B C

②

A B C

③

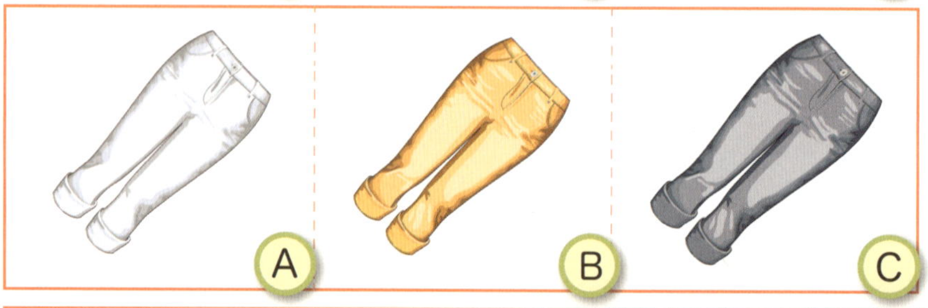

A B C

④

A B C

⑤

A B C

2 알맞은 낱말을 골라 넣어 대화를 완성해 봅시다.

A 特别　B 相片　C 变化　D 周末　E 记得

① a:昨天，我去吃烤肉了，非常好吃。
b:你这么一说，我(　　)想吃。

② a:这是您以前的(　　)吗?
b:不是，这是我女儿。

③ a:金明的生日是几月几号?
b:我(　　)是6月18号。

④ a:妹妹的(　　)很大。
b:是啊。以前不会自己穿衣服，现在都会了。

⑤ a:(　　)我们去公园好吗?
b:好的。是上午去，还是下午去?

3 그림을 보고 '보기'처럼 말해 봅시다.

보기
- 你弟弟上学以后有哪些变化?
- 弟弟上学以后变化特别大。每天自己洗脸、刷牙，有时候还帮妈妈买东西。

- 你妹妹上学后变化大不大?
- 妹妹上学后________________________________

4 그림을 보면서 중국어로 번역해 말해 봅시다.

5 획순에 따라 한자를 써 봅시다.

tè 特: ㇒ ㇖ 牛 牜 牜 牪 牪 特 特 特

特	特	特		

yuán 园: 丨 冂 冂 冃 冃 园 园

园	园	园		

biàn 变: 丶 亠 亣 亦 亦 亦 变 变

变	变	变		

tiáo 条: ㇒ 夂 夂 冬 冬 条 条

条	条	条		

guò 过: 一 寸 寸 寸 讨 过

过	过	过		

xiàng 相: 一 十 才 木 相 相 相 相 相

相	相	相		

6 낱말을 순서에 맞게 배열하여 문장을 만들어 봅시다.

① 变化 他 大 特别 ______________________

② 一条 买 黄 了 裤子 ____________________

③ 的 这是 相片 过去 _____________________

12 应该想个办法

1 잘 듣고 그림과 일치하면 √, 아니면 ×로 표시해 봅시다. 

① 

② 

③ 

④ 

⑤ 

⑥ 

⑦ 

⑧ 

2 바르게 읽고 질문에 대답해 봅시다.

① 男：你知道中国有多大吗？
女：不知道。关于这个问题，我们去问问老师吧。
问：他们要问老师什么问题？

② 男：我感冒了，头很疼。
女：你应该回家好好儿休息。
问：男的为什么头疼？

③ 男：你的行李箱放在哪儿了？
女：放在出租车上了。
问：什么放在出租车上了？

④ 男：树上的小鸟哪儿去了？
女：树上的小鸟飞走了。
问：什么飞走了？

3 그림을 보고 '보기'처럼 말해 봅시다.

보기 春天来了，河边的小草和小树变绿了，可爱的小鸟在唱歌。

冬天到了，________________________________

4 그림을 보면서 중국어로 번역해 말해 봅시다.

5 획순에 따라 한자를 써 봅시다.

6 병음을 보고 알맞은 한자를 써 봅시다.

① 小(hé)里有很多鱼。

② 绿色的小草和小(shù)。

③ 他的(huà)真好看。

13 一不小心就会感冒

1 녹음을 잘 듣고 알맞은 그림에 체크해 봅시다. 

① 행복슈퍼마켓 입구 Ⓐ 은행 Ⓑ

② Ⓐ Ⓑ

③ Ⓐ Ⓑ

④ Ⓐ Ⓑ

2 알맞은 낱말을 골라 넣어 대화를 완성해 봅시다.

A 检查　B 节目　C 举行　D 小心　E 极

① a:妈妈，您做的菜好吃(　　)了！
b:是吗？好吃你就多吃点儿。

② a:他们表演的歌舞(　　)你看了吗？
b:看了，表演得很好。

③ a:你帮我(　　)一下，看有没有写错的字。
b:好的，这就给你检查。

④ a:请您(　　)，前面的路不好走。
b:谢谢！

⑤ a:明天学校(　　)运动会，你能参加吗？
b:这几天我感冒发烧，不能参加。

3 그림을 보고 '보기'처럼 말해 봅시다.

보기 今天的天气好极了！我和同学们一起到河边去玩。我们有的做游戏，有的游泳，快乐极了。

雪停了，______________________________，快乐极了。

4 그림을 보면서 중국어로 번역해 말해 봅시다.

A: 넌 매일 저녁 언제 자니?

____

B: 난 매일 저녁 10시쯤에 자. 너는?

____

A: 난 9시에 자. 너보다 한 시간 빠르거든.

____

5 획순에 따라 한자를 써 봅시다.

jié 节: 一 艹 艹 节 节

节	节	节		

mù 目: 丨 冂 月 月 目

目	目	目		

jí 极: 一 十 才 木 朸 极 极

极	极	极		

téng 疼: 丶 亠 广 广 疒 疒 疒 疼 疼 疼

疼	疼	疼		

gē 歌: 一 可 可 可 哥 哥 哥 哥 哥 哥 歌 歌

歌	歌	歌		

tū 突: 丶 宀 宀 宀 穴 空 㝉 突 突

突	突	突		

6 낱말을 순서에 맞게 배열하여 문장을 만들어 봅시다.

① 头 疼 的 我 极 了 ______________________

② 比赛 举行 歌舞 下午 ______________________

③ 他 路 很 走 小心 ______________________

14 我现在又渴又饿

1 녹음을 잘 듣고 알맞은 그림을 체크해 봅시다. 14-1

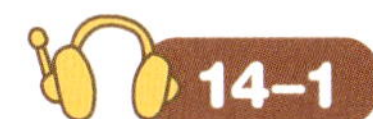

①

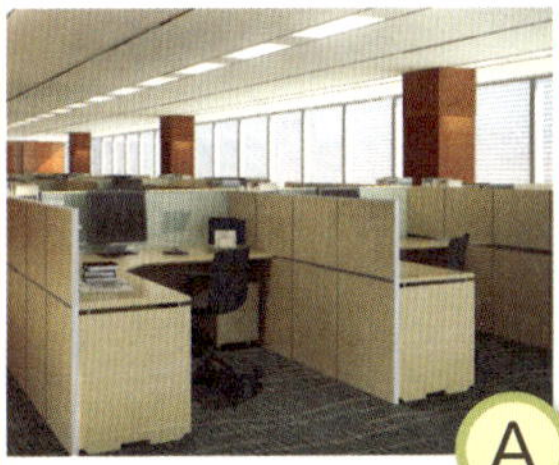
A

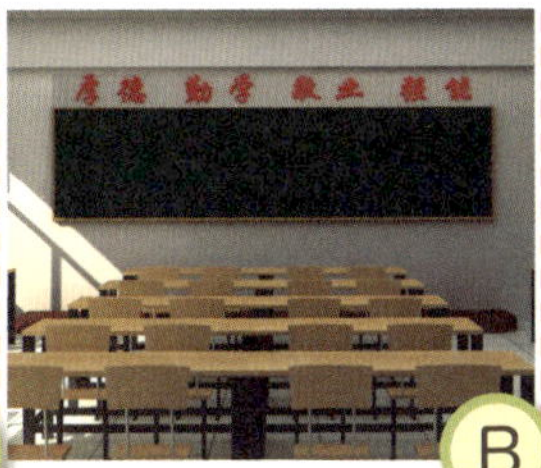
B

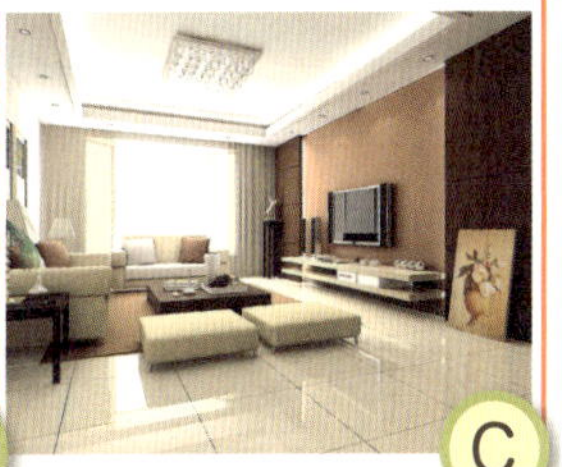
C

②

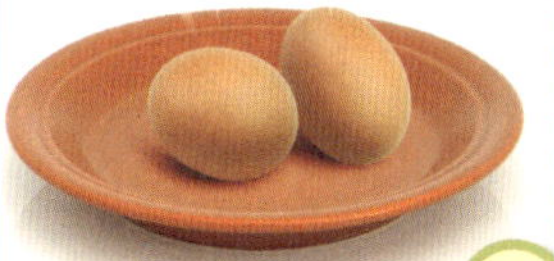
A

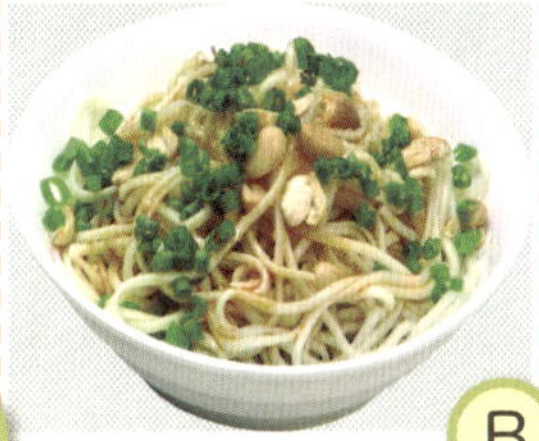
B

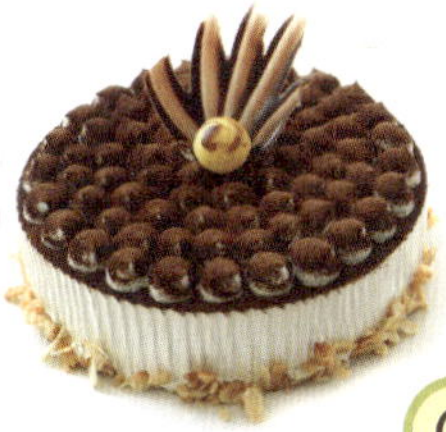
C

③

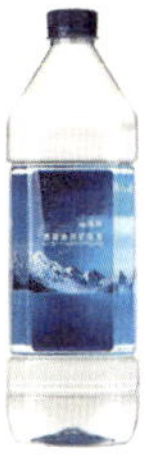
A

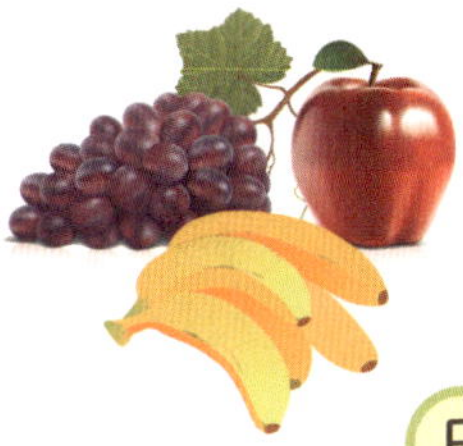
B

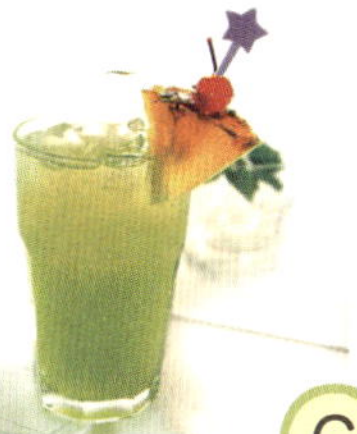
C

④

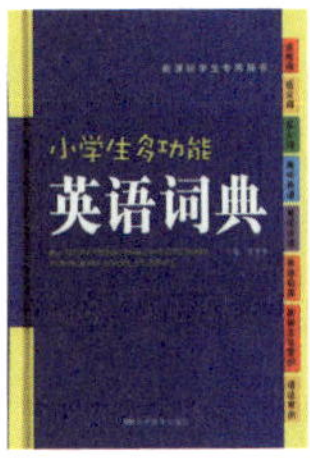

A

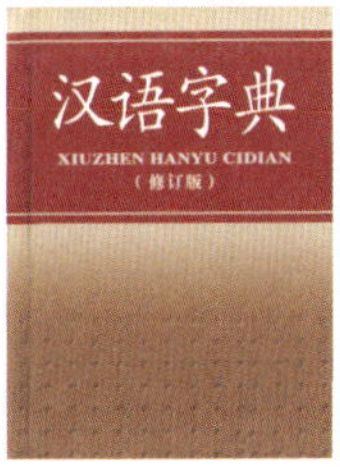

B

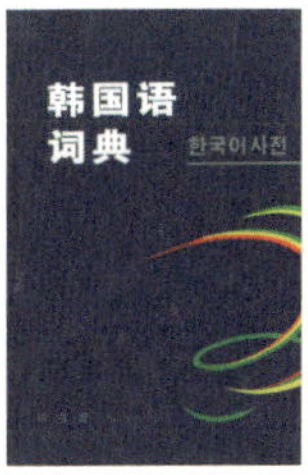

C

2 바르게 읽고 알맞은 답을 골라 봅시다.

① 请你检查一下，看我写的汉字对不对？

★要检查的是哪国字？

A 中国　　B 英国　　C 韩国

② 我的杯子刚才还在这儿，哪儿去了？

★她在找什么？

A 筷子　　B 杯子　　C 盘子

③ 我不想看电影，只想在家看看电视。

★他只想做什么？

A 看电视　　B 看电影　　C 看书

④ 我的牛奶刚才被弟弟喝了。

★牛奶被谁喝了？

A 妹妹　　B 弟弟　　C 哥哥

⑤ 饭桌上有包子，你吃包子吧。

★饭桌上有什么吃的？

A 米饭　　B 饺子　　C 包子

3 그림을 보고 '보기'처럼 말해 봅시다.

보기 足球比赛结束后，我又渴又饿。回到家后，我从冰箱里拿出吃的和喝的。

篮球比赛________________________________

4 그림을 보면서 중국어로 번역해 말해 봅시다.

A: 학교는 너희 집에서 머니?

____

B: 학교는 우리 집에서 멀지 않아.아주 가까워.

____

A: 걸어서 학교에 몇 분이면 도착하니?

____

B: 걸어서 5, 6분이면 학교에 도착해.

____

5 획순에 따라 한자를 써 봅시다.

zhuō 桌: 丨 ⺊ ⺊ 占 卢 卢 卓 卓 桌 桌

桌	桌	桌		

gāng 刚: 丨 冂 冈 冈 冈| 刚

刚	刚	刚		

zhǐ 只: 丨 口 口 只 只

只	只	只		

bèi 被: 丶 ク 才 衤 衤 衤 衤 衤 被 被

被	被	被		

bàn 办: 丁 力 力 办

办	办	办		

gōng 公: 丿 八 公 公

公	公	公		

6 병음을 보고 한자를 써 봅시다.

① 饭桌上的包子(bèi)猫吃了。

② 刚才妈妈(duì)你说什么了？

③ 老师就在(bàn)公室里。

15 我马上回去

1 녹음을 잘 듣고 알맞은 그림을 체크해 봅시다. 

①

②

③

④

2 바르게 읽고 질문에 대답해 봅시다.

① 明天上午九点有一个会议，希望你来参加。
问：会议在什么时间开？

② 我想买一件衬衫，还差十块钱，你有吗？
问：买衬衫的钱，还差多少？

③ 刚才你爸来电话，让你马上回去。
问：刚才是谁来的电话？

④ 我愿意和大家一起去王老师家。
问：他们要去哪里？

3 그림을 보고 '보기'처럼 말해 봅시다.

보기 这条裙子是我生日那天妈妈给我买的。我爱妈妈，我爱我的家。

我的书包是________________________________

4 그림을 보면서 중국어로 번역해 말해 봅시다.

A: 넌 무슨 운동을 제일 좋아하니?

____

B: 난 농구가 제일 좋아.

____

A: 농구하는 것이 힘들지 않니?

____

B: 좀 힘들어. 하지만 아주 재미있거든.

____

5 획순에 따라 한자를 써 봅시다.

lǐ 礼: 丶 ㇇ 礻 礻 礼

礼 礼 礼

wù 物: 丿 𠂉 牛 牛 牜 牞 物 物

物 物 物

chà 差: 丶 丷 䒑 䒑 兰 羊 弟 差 差

差 差 差

yì 议: 丶 讠 讠 议 议

议 议 议

zhàn 站: 丶 亠 亠 立 立 立 站 站 站 站

站 站 站

qīng 轻: 一 𠫓 车 车 轩 轻 轻 轻 轻

轻 轻 轻

6 낱말을 순서에 맞게 배열하여 문장을 만들어 봅시다.

① 日子 今天 什么 是 ______________________

② 买 礼物 完 回去 ______________________

③ 差 十 块 还 钱 ______________________

16 我最喜欢的季节是秋天

1 잘 듣고 알맞은 그림의 알파벳을 네모칸 안에 써넣어 봅시다.

A 

B 

C 

D 

E 

F 

①

②

③

④

⑤

⑥

2 알맞은 낱말을 골라 넣어 문장을 완성해 봅시다.

A 不但　　B 根据　　C 马上　　D 被　　E 呀

① 老师叫你(　　)去办公室，你快去吧。

② (　　)大家的意见，我们不去球场，去爬山吧。

③ 我(　　)喜欢上网，还爱听音乐。

④ 妈妈做的包子真好吃(　　)!

⑤ 对不起，汉语字典(　　)别人借走了。

3 그림을 보고 '보기'처럼 말해 봅시다.

보기 我喜欢秋天。秋天来了，我们可以吃到很多水果。

我喜欢春天。______________________________

我喜欢夏天。______________________________

我喜欢冬天。______________________________

4 그림을 보면서 중국어로 번역해 말해 봅시다.

5 획순에 따라 한자를 써 봅시다.

6 병음을 보고 알맞은 한자를 써 봅시다.

① 冬天，北(fāng　)的天气很冷。

② (Gēn　)据大家的意见，我们去球(chǎng　)吧。

17 他怎么还不来

1 잘 듣고 그림과 일치하면 √, 아니면 ×로 표시해 봅시다. 

① 

② 

③ 

④ 

⑤ 

⑥ 

⑦ 

⑧ 

2 바르게 읽고 알맞은 답을 골라 봅시다.

① 你说话的声音太低了，我听不清楚。

★“我”听不清楚的是：

A 歌声　　B 说话声　　C 读书声

② 医生检查出了爷爷的病。

★谁有病了？

A 爷爷　　B 奶奶　　C 爸爸

③ 即使明天下雨，我也要去球场看足球比赛。

★“我”要去看什么比赛？

A 足球　　B 篮球　　C 棒球

④ 真好喝！我还从来没喝过这么好喝的果汁。

★好喝的是：

A 茶水　　B 咖啡　　C 果汁

⑤ 我现在没时间，要不你自己先去买吧。

★他们最可能要去的地方是：

A 饭馆　　B 公司　　C 超市

3 그림을 보고 '보기'처럼 말해 봅시다.

보기 他怎么没有来看球赛呢？他从来都不是这样的。是不是有事？

奇怪，____

4 그림을 보면서 중국어로 번역해 말해 봅시다.

A: 웨이터, 우리 방 번호 얼마죠?

____

B: 고객님의 방 번호는 106호예요.

____

A: 어떻게 가죠?

____

B: 직진하다가 우측 첫 방이에요.

____

A: 감사해요!

______

5 획순에 따라 한자를 써 봅시다.

cóng 从: 丿 人 从 从

从	从	从		

lái 来: 一 𠄌 𠀁 平 来 来 来

来	来	来		

jí 即: 𠃍 ㄱ 彐 艮 艮 即 即

即	即	即		

shǐ 使: 丿 亻 亻 仁 仁 仨 侼 使

使	使	使		

yě 也: 乛 也 也

也	也	也		

chū 出: 乚 凵 屮 出 出

出	出	出		

6 낱말을 순서에 맞게 배열하여 문장을 만들어 봅시다.

① 从来 没 吃 冷面 过 我 ______________________

② 小男孩 聪明 这个 很 ______________________

③ 也许 爸爸 是 了 来 ______________________

18 你汉语不是很好吗

1 녹음을 잘 듣고 알맞은 그림을 체크해 봅시다.

① A B

② A B

③ A B

④ A B

2 알맞은 낱말을 골라 넣어 대화를 완성해 봅시다.

A 通过　　B 既然　　C 决定　　D 完成

① a:我们都同意去。
b:(　　)都同意，我们就出发吧。

② a:是谁让你们去爬山的？
b:是我们大家(　　)一起去爬山的。

③ a:今天的作业(　　)了吗？
b:当然了。要不妈妈不会让我上网的。

④ a:你是怎么知道中国文化的？
b:我是(　　)学习汉语知道的。

3 그림을 보고 '보기'처럼 말해 봅시다.

보기 通过几个月的学习，我对韩国有了很大的兴趣。我想以后有机会一定去韩国，了解那里的文化。

通过____

____

4 그림을 보면서 중국어로 번역해 말해 봅시다.

A: 이 옷은 색깔이 참 괜찮은데, 얼마예요?

____

B: 한 벌에 200원이에요.

____

A: 좀 비싸네요. 싸게 해주실 수 있어요?

____

B: 좋아요. 180원에 드리지요.

____

5 획순에 따라 한자를 써 봅시다.

jué 决: 丶 冫 冖 冮 决 决

决	决	决		

cái 才: 一 十 才

才	才	才		

jì 既: ㇆ ㇆ ㇋ 艮 艮 旣 既 既 既

既	既	既		

wán 完: 丶 丶 宀 宀 宇 宇 完

完	完	完		

chéng 成: 一 厂 万 成 成 成

成	成	成		

cí 词: 丶 讠 讠 订 词 词 词

词	词	词		

6 병음을 보고 알맞은 한자를 써 봅시다.

① 只有经常锻炼，身体(cái)能健康。

② (jì)然下雨，我们就不去了。

③ 这些(cí)语你忘了吗？

新汉语水平考试
HSK（三级）模拟试题

新HSK 3급 모의문제 [1]

一、听力

第一部分

잘 듣고 알맞은 그림의 알파벳을 네모칸 안에 써넣어 봅시다. (1—5)

A

B

C

D

E

F

보기: 男：除了上网玩游戏，你还喜欢什么？

女：我还喜欢听音乐，你呢？

D

1.

2.

3.

4.

5.

第二部分

잘 듣고 내용과 일치하면 √, 아니면 ×로 표시해 봅시다. (6—10) 19-2

보기: 这次考试, 数学和英语考了一百，其他成绩一般。我对这次考试成绩是比较满意的。

★ 他对自己的考试成绩比较满意。 (√)

小明学习一直很努力，也很认真，可他总担心自己的学习。

★ 小明学习认真，不担心自己的学习。 (×)

6. ★小红把她的雨伞借给了我。 ( )

7. ★他把眼镜放在电视上面了。 ( )

8. ★张老师的家在银行后面的楼房里。 ( )

9. ★我去北京看了故宫和长城。 ( )

10. ★妈妈说饭馆的菜不好吃。 ( )

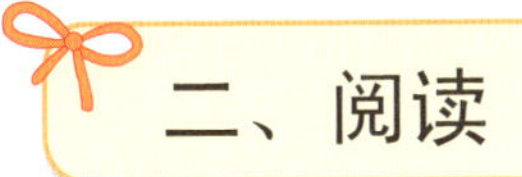

二、阅读

第一部分

잘 읽고 알맞는 답에 체크해 봅시다. (11—15)

보기: 我爷爷喜欢喝葡萄酒，他每天晚上都要喝一杯。

★ 爷爷喜欢喝：

A 葡萄酒 √　　B 茶　　C 咖啡

11. 早上起床的时候，我的眼镜不见了。妈妈叫我再好好儿找一找。

★ 我要找的是：

A 手表　　　　B 眼镜　　　　C 书

12. 我是上午九点的火车，明天中午十一点就到上海了。

★ 我要去：

A 旅游　　　　B 学校　　　　C 家

13. 我家有三口人，爸爸、妈妈和我。爸爸和妈妈都在医院工作。

★ 爸爸和妈妈是：

A 老师　　　　B 医生　　　　C 服务员

14. 我朋友来电话说，明天要到我家来玩。

★ 明天到我家的是：

A 姐姐　　　　B 同学　　　　C 朋友

15. 我们的房间在十楼，房间里有洗手间和电话，很方便。

★ 他们住在：

A 饭馆　　　　B 宾馆　　　　C 商店

第二部分

서로 어울리는 문장의 알파벳을 괄호 안에 써넣어 봅시다. (16—20)

A 又新鲜又好吃，而且还很便宜。

B 除了数学，其他都很容易。

C 不是看书，就是去锻炼。

D 祝你生日快乐！

E 知道了。我会好好儿休息的。

F 我记得她家就在超市附近。

보기: 明天就是我的生日。 (D)

16. 你知道她家住在什么地方吗？ (　)

17. 这家饭馆做的鱼怎么样？ (　)

18. 不好好儿休息，就会影响你的健康。 (　)

19. 考试题难不难？ (　)

20. 休息天，你做什么？ (　)

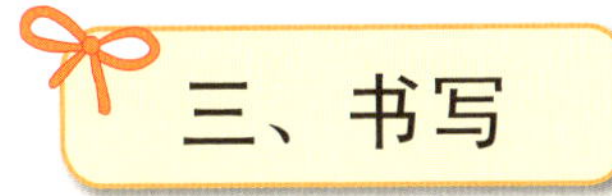

三、书写

병음을 보고 알맞은 한자를 써넣어 봅시다. (21—25)

보기: 他(bú 不)是我的姐姐。

21. 下雨了，你怎么(huí 　)家？

22. 我找张老师，他(zài 　)这里吗？

23. 今天早(shàng 　)我六点钟就起床了。

24. 天太热了，我们(qù 　)游泳吧。

25. 今天，我买了一个新(diàn 　)脑。

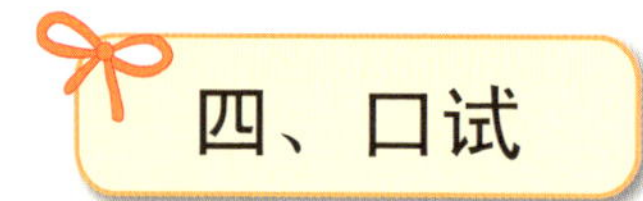

第一部分

물음을 잘 듣고 대답해 봅시다. (26—30)

보기: 你好！你叫什么名字？ （10초）
我叫金红花。

26. 你每天早上几点起床？ （10초）

27. 你喜欢什么运动？ （10초）

28. 你爸爸在哪儿工作？ （10초）

29. 你去过中国吗？ （10초）

30. 你学汉语几年了？ （10초）

第二部分

집 식구를 소개해 봅시다. (2분)

보기:

我家有五口人，爸爸、妈妈、我，还有弟弟和妹妹。我爸爸在医院工作，妈妈在学校工作。弟弟和妹妹在小学读书，我在中学读书。

新HSK 3급 모의문제 [2]

一、听力

第一部分

잘 듣고 알맞은 그림의 알파벳을 네모칸 안에 써넣어 봅시다. (1—5)

A 

B 

C 

D 

E 

F 

보기: 男：你最近几乎天天不来上学，怎么了？
女：因为我生病了。 F

1.

2.

3.

4.

5.

第二部分

잘 듣고 내용과 일치하면 √, 아니면 ×로 표시해 봅시다. (6—10) 

보기:

我打算下个星期去北京旅游，想请邻居帮我照顾我的小猫。

★ 他打算带小猫去旅游。 (×)

因为他上课总是睡觉，老师都生气了。

★ 他上课爱睡觉。 (√)

6. ★穿衬衫的男人是他的老师。 ( )

7. ★他家的灯旧了。 ( )

8. ★去动物园要先坐公共汽车，然后再换地铁。 ( )

9. ★爸爸今天不回家。 ( )

10. ★哥哥过去很胖。 ( )

第三部分

잘 듣고 알맞은 답에 체크해 봅시다. (11—15) 

보기: 男：你知道明天是什么日子吗？

女：当然知道。明天是爸爸的生日，我哪能忘呢？

问：明天是谁的生日？

A 爸爸 √ B 妈妈 C 爷爷

11. A 秋天 B 冬天 C 春天

12. A 上学　　B 上班　　C 旅游

13. A 去开会　　B 去学校　　C 去医院

14. A 商店　　B 超市　　C 银行

15. A 日本人　　B 中国人　　C 韩国人

第四部分

잘 듣고 알맞는 답에 체크해 봅시다. (16—20) 

보기: 女：我的眼睛有点儿不舒服。
男：我看看，怎么这么红？
女：可能是昨晚睡得太晚了。
男：那你好好儿休息吧。
问：女的哪里不舒服？
A 头　　B 牙　　C 眼睛 √

16. A 一年级　　B 二年级　　C 三年级

17. A 西瓜　　B 蛋糕　　C 包子

18. A 汉语书　　B 钱　　C 字典

19. A 男的的妈妈　　B 女的的妈妈　　C 校长

20. A 蛋糕　　B 水果　　C 衣服

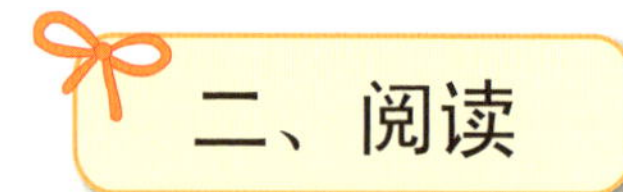

第一部分

알맞은 낱말을 선택하여 문장을 만들어 봅시다. (21—25)

A 完成　　B 马上　　C 聪明　　D 不用　　E 决定　　F 根据

보기: 我(E)参加汉语学习班。

21. 会议结束后，我(　　)回去。

22. (　　)大家的意见，下个星期我们去中国旅游。

23. 你真(　　),这么快就学会了。

24. 你(　　)找了，我已经找到了。

25. 我已经(　　)作业了。

第二部分

서로 어울리는 문장의 알파벳을 괄호 안에 써넣어 봅시다. (26—30)

A 当然不愿意。

B 你这么一说，我特别想见他。

C 今晚，你爸的同事要来。

D 关于这个问题，我们可以去问问老师。

E 我还以为你忘了呢，你真好！

F 一直向前走就是。

보기: 动物园怎么走？ (F)

26. 今天家里来客人吗？ (　)

27. 他的变化很大，我都不认识了。 (　)

28. 你知道这是什么意思吗？ (　)

29. 你愿意吃药吗？ (　)

30. 生日快乐！这是我给你买的礼物，喜欢不喜欢？ (　)

第三部分

잘 읽고 알맞은 답에 체크해 봅시다. (31—35)

보기:

我们班来了一名新同学，大家都说我们俩长得有点儿像。很多人都问我："新来的同学是不是你妹妹？"

★新来的同学：

A 是我妹妹　　B 长得像我妹妹　　C 长得像我 √

31. 我喜欢冬天和秋天，但是我最喜欢冬天。虽然冬天比秋天冷，但是我不怕冷。冬天不但可以做雪人，还可以玩雪球，多好啊！

★我最喜欢：

A 秋天　　B 冬天　　C 春天

32. 中国人经常说：早饭要吃好，午饭要吃饱，晚饭要吃少。

★根据这句话可以知道：

A 早饭少吃　　B 午饭要多吃　　C 不要吃晚饭

33. 考试终于结束了，虽然题很多，但是不难，都很简单。

★这次考试：

A 很难　　B 题很多　　C 时间不长

34. 刚才桌子上有两块面包，现在突然不见了。我记得小狗刚才去了厨房，可能是被它吃了。

★桌上的面包可能是：

A 被弟弟吃了　　B 被小猫吃了　　C 被小狗吃了

35. 照片上的人是我奶奶，她长得非常年轻，大家都以为是我妈妈呢。

★照片上的人是我：

A 奶奶　　B 妈妈　　C 姐姐

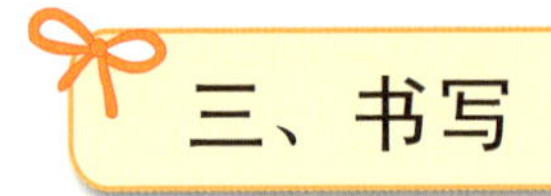

第一部分

'보기'처럼 알맞게 배열하여 문장을 만들어 써봅시다. (36—40)

보기: 特别　见　想　我　他

我特别想见他。

36. 我们　旅行　了　要　去　一家人

37. 汉字　这个　认识　吗　你

38. 妹妹　你　真　长得　可爱

39. 今天　好　的　了　天气　极

40. 我　医院　不　愿意　去

第二部分

병음을 보고 알맞은 한자를 써넣어 봅시다. (41—45)

보기: 你叫什么(míng 名)字。

41. 冰箱里(zhǐ)有香蕉。

42. 如果有什么变化，请打(diàn)话。

43. 我(xiāng)信他一定会来的。

44. 不好好学习的话，(jí)使再聪明，也学不会。

45. 学习汉语，能使我更(duō)地了解中国文化。

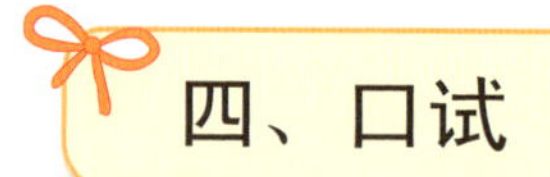

四、口试

第一部分

잘 듣고 다시 한번 말해 봅시다. (46—50)

46. 一年有十二个月。 （7초）

47. 现在十一点半了。 （7초）

48. 我不认识她。 （7초）

49. 你唱得非常好听。 （7초）

50. 我们坐出租车去吧。 （7초）

第二部分

물음을 잘 듣고 대답해 봅시다. (51—55)

51. 我喜欢看电影，你呢？ （10초）

52. 晚上你几点睡觉？ （10초）

53. 今天天气怎么样？ （10초）

54. 你会打篮球吗？ （10초）

55. 你每天怎么上学？ （10초）

정답

① 祝你生日快乐

1. 听力：
   ① 我对上网有兴趣，但我更喜欢看报纸。
   问：他更喜欢做什么？ (B)
   ② 哥哥是两点的飞机，下午三点一定能到北京。
   问：哥哥几点能到北京？ (B)
   ③ 除了苹果，我还想买一个西瓜。
   问：他还想买什么？ (B)
   ④ 这是我给您准备的，祝您旅游快乐！
   问：祝他什么快乐？ (B)
   ⑤ 今晚我打算和他一起看电影。
   问：今晚他有什么打算？ (A)
2. ① "我"和妹妹想买妈妈的生日蛋糕。
   ② "我们"打算五点去参加小丽的生日晚会。
   ③ 因为爷爷病了。
   ④ 今晚他想在家上网。
4. A：你叫什么名字？
   B：我叫金明学。
   A：认识你很高兴。
   B：我也很高兴。
6. ① 祝妈妈生日快乐。
   ② 你的爱好是什么？

② 我们经常在一起学习

1. 听力：
   ① 经常上网玩游戏，怎么能学好汉语呢？ (√)
   ② 我认识这位朋友，他在北京工作，是医生。 (×)
   ③ 今天，老师要求我们写二十个汉字，你写了几个汉字？ (×)
   ④ 我们在一起主要学汉语，因为以后想去中国工作。 (√)
   ⑤ 我觉得昨天晚上的电影很有意思。你们呢？ (√)
   ⑥ 这块手表是生日那天妈妈给她买的。 (×)
   ⑦ 除了这些菜，这位先生还想要一杯啤酒。 (×)
   ⑧ 你妹妹长得太像你了，她在读小学几年级？ (√)
2. ① C　② E　③ F
   ④ B　⑤ A　⑥ D
3. ① 穿得没有你那么漂亮。
   ② 吃得没有你那么多。
4. A：请问，火车站在哪儿？
   B：火车站在那儿。
   A：谢谢！
   B：不客气。
6. ① 高　② 把

③ 怎么锻炼身体

1. 听力：
   ① 他经常锻炼身体，不是去爬山，就是去跑步，身体一天比一天好。 (√)
   ② 我妹妹是个胆小鬼，她可不敢骑马。你就别让她骑了。 (×)
   ③ 我家离学校不太远，骑自行车十分钟就到了。 (√)
   ④ 这次去中国旅游，他带的钱太多，没有花完。 (√)
   ⑤ 她很害怕爬山，我们不要带她去了，让她在这里等我们吧。 (×)
   ⑥ 喂，小王，明天是休息天，我和同学们打算去你家玩，你能在家吗？ (√)
   ⑦ 今天下午我有时间。我们一起去书店或者去图书馆，你看怎么样？ (×)
   ⑧ 天黑了，不用害怕，我送你回家。 (√)
2. ① C　② E　③ B　④ A　⑤ D
4. A：现在几点？
   B：现在7点20分。
   A：明天星期几？
   B：明天星期一。
6. ① 爸爸的身体很好。
   ② 星期天我们去爬山。/我们星期天去爬山。

④ 这家的鱼又好吃又便宜

1. 听力：
   ① 女：先生，您还要点什么？
   男：再来一杯葡萄酒。
   问：男的想喝什么？ (B)
   ② 男：服务员，啤酒和果汁一共多少钱？
   女：一共二十元。
   问：男的一共花了多少钱？ (B)
   ③ 男：你们这儿的服务员真热情，饭菜也很好。谢谢！
   女：不客气。您慢走，欢迎下次再来。
   问：他们在什么地方？ (B)
   ④ 女：小红买的衣服又漂亮又便宜，是在哪儿买的？
   男：是在百货商店买的。
   问：小红的衣服是在哪儿买的？ (B)
2. ① B　② A　③ E　④ C　⑤ D
4. A：他是谁？
   B：他是我爸爸。
   A：这是谁的杯子？
   B：这是我的杯子。
6. ① 碗　② 拿

정답

5 北京是世界有名的旅游城市

1. 听力：

① 男：你好！请问，地铁站在哪儿？
女：在火车站旁边。
男：离这儿远不远？
女：不远，向前走五分钟就到了。
问：男的想去哪儿？ (F)

② 男：你什么时候去北京？
女：我明天就去北京。
男：到北京一定要去长城和故宫看看。
女：我也是这么想的。
问：女的要去哪里？ (A)

③ 女：这家饭馆的环境真好。
男：不但环境好，而且人也热情。
女：你到这儿吃过吧？
男：当然吃过。这里做的鱼非常新鲜，是很有名的。
问：他们在说什么？ (E)

④ 女：你喜欢旅游吗？
男：很喜欢。有机会，我想到国外去旅游。
女：你最想去的国家是哪一个？
男：我最想去的国家是美国。
问：男的最想去的国家是哪一个？ (D)

⑤ 男：你为什么要去那家商店买东西呢？
女：那家商店卖的东西很便宜，而且交通也方便。
男：今天你要到那家商店买什么？
女：我打算买水果和面包。
问：女的打算买什么？ (B)

⑥ 女：首尔的城市环境怎么样？
男：首尔很美，街道也非常干净。
问：他们在说什么？ (C)

2. ① C ② B ③ C ④ B

4. A：西瓜多少钱一个？
B：一个二十块。你要多少？
A：要两个大的。

6. ① 坐地铁当然方便了。/ 当然坐地铁方便了。
② 听说北京是旅游的好地方。

6 我记得她家就在这附近

1. 听力：

① 男：我记得老师家就在银行附近。
女：快看一看地图，银行在什么地方？
问：他们要去哪儿？ (A)

② 女：你看见我的小狗了吗？
男：你别着急，可能就在楼房附近。
问：女的在找什么？ (B)

③ 男：百货商店每天早上几点开门？
女：百货每天早上八点开门。
问：百货商店开门的时间是几点？ (A)

④ 男：能用用你的手机吗？
女：真对不起，我的手机坏了，不能用。
问：男的想用什么？ (B)

⑤ 男：你来韩国学习有三年了吧？
女：有三年了。
问：女的在韩国学习了几年？ (A)

2. ① B ② D ③ A ④ C

4. A：您要什么颜色的？
B：有红色的吗？
A：有红色的。

6. ① 直 ② 楼

7 我真担心你的健康

1. 听力：

① 女：我发现她跟以前不一样了，吃饭时不再看书了。
男：她已经知道边吃饭边看书是个坏习惯。 (D)

② 男：以后你有什么打算？
女：我想去北京，因为那儿的汉语环境比这儿好。 (A)

③ 男：你爸爸身体还好吗？
女：这几天爸爸总是生病，我很担心他的健康。 (B)

④ 男：休息天帮家里做什么了？
女：打扫厨房和洗手间了。 (C)

⑤ 男：水果放在哪儿了？
女：好像在冰箱里。 (E)

⑥ 男：你上课时怎么睡觉了呢？
女：这几天天气太热，晚上没睡好。 (F)

2. ① B ② A ③ C ④ B ⑤ C

3. ① 跟以前一样，<u>她喜欢唱歌。</u>
② <u>跟以前一样</u>，她喜欢看书。
③ <u>跟以前一样</u>，<u>他喜欢打篮球。</u>

4. A：你现在在哪儿？
B：我在家里。
A：你在家做什么呢？
B：我在家正在上网呢。

6. ① 这里有洗手间吗？
② 我发现她能讲汉语。

8 把我的伞拿去用吧

1. 听力：

① 男：请问，洗手间在哪儿？

정답

女：向前走，左边就是洗手间。
问：男的要去哪儿？ (B)
② 女：雨下得真大，能把你的伞借给我吗？
男：别客气，你拿去用吧。
问：男的把什么借给了女的？ (C)
③ 男：你见过我的眼镜吗？没有眼镜太不方便了。
女：我好像在洗手间里看到过。
问：男的在找什么？ (B)
④ 女：我怕你忘记，把书放在桌子上了。
男：谢谢你了。
问：女的把书放在哪儿了？ (A)

2. ① D ② B ③ C ④ A ⑤ E

4. A：你是什么时候回到韩国的？
B：我是10号回到韩国的。

6. ① 总，努 ② 放，心

9 考试终于结束了

1. 听力：
① 数学考试一点儿也不难，很容易。 (√)
② 吃完饭，我们一起去洗澡，好不好？ (×)
③ 因为总上网玩游戏，他的学习成绩受到了影响。 (×)
④ 这里的饭菜又好吃又新鲜。我吃得非常满意。 (√)
⑤ 红的比较好，买红色的吧。她一定会喜欢的。 (√)
⑥ 对不起，我来晚了。超市里人太多了。 (×)
⑦ 我虽然喜欢旅游，但是最近没有时间去。 (×)
⑧ 爸爸结束一天的工作，马上要回家了。 (√)

2. ① C ② D ③ A ④ E ⑤ B

4. A：你家都有谁？
B：有爸爸、妈妈，还有弟弟和妹妹。

6. ① 数学考试终于结束了。
② 他汉语学得比较好。

10 以后我会注意的

1. 听力：
① 最近我们搬家了。我家的电话号是24356。 (√)
② 妈妈，早饭还没做好吗？今天上学，我要迟到了。 (×)
③ 小明，已经十点了。快把灯关了，早点睡吧。 (×)
④ 桌子上有筷子和盘子，你自己去拿吧。 (√)
⑤ 这几天天气越来越冷，你要注意身体。 (√)
⑥ 新年到了，我和妹妹祝爸爸妈妈新年快乐，身体健康！ (×)
⑦ 这家的饭菜一般，我不想在这儿吃。我们去那家怎么样？ (×)
⑧ 我记得很清楚，是我送她到火车站的。 (√)

2. ① 男的要去动物园。
② 因为我天天迟到，所以老师生气了。
③ 爸爸的朋友要来。
④ 自行车是白色的。

4. 我每天早晨六点起床。
先洗脸，然后吃早饭。
我七点半上学。

6. ① 先 ② 灯

11 我特别想见他

1. 听力：
① 今天天气特别冷，你要多穿些衣服，别感冒了。
问：今天天气怎么样？ (C)
② 弟弟上小学后变化很大。每天自己洗脸、穿衣服。
问：弟弟有哪些变化？ (A)
③ 姐姐从国外旅游回来，给我买了一条黄色的裤子。
问：姐姐给我买了什么颜色的裤子？ (B)
④ 这张相片是去年到北京旅游时照的，后面就是有名的万里长城。
问：相片是在什么地方照的？ (B)
⑤ 昨天，我在公园遇到了小学同学金明。
问：他是在什么地方遇到小学同学的？ (A)

2. ① A ② B ③ E ④ C ⑤ D

4. A：这件衣服太漂亮了。是在哪儿买的？
B：是在百货商店买的。
A：多少钱？
B：60块。

6. ① 他变化特别大。
② 买了一条黄裤子。
③ 这是过去的相片。

12 应该想个办法

1. 听力：
① 在宾馆服务员的帮助下，这个问题终于解决了。 (×)
② 妈妈生病了，谁来照顾她呢？ (√)
③ 我同意他参加这次足球比赛。你们呢？ (√)
④ 小草、小树、蓝天、白云，这儿的环境真好啊！ (×)
⑤ 妹妹画出了可爱的小鸟，大家都说画得很像。 (√)
⑥ 我们家前面有一条小河，河里有很多小鱼。 (×)
⑦ 今天是妈妈的生日，姐姐为妈妈准备了生日蛋糕。 (√)
⑧ 教室里很安静，同学们都在听老师讲课。 (×)

2. ① 他们要问老师中国有多大。
② 男的因为感冒，所以头疼。
③ 行李箱放在出租车上了。
④ 树上的小鸟飞走了。

4. A：下雨了，你怎么回家？
B：我坐出租车回家。

6. ① 河　② 树　③ 画

13 一不小心就会感冒

1. 听力:
   ① 我要去超市买点儿东西。你愿意和我一起去吗? (A)
   ② 爸爸，家里突然停电了。我害怕。 (B)
   ③ 你知道吗? 我一吃水果，牙就疼。 (A)
   ④ 雨停了，太阳出来了。大家高兴地跳起来了。 (B)
2. ① E　② B　③ A　④ D　⑤ C
4. A: 你每天晚上什么时间睡觉?
   B: 我每天晚上10点左右睡觉。你呢?
   A: 我9点睡，比你早一个小时。
6. ① 我的头疼极了。
   ② 下午举行歌舞比赛。
   ③ 他走路很小心。

14 我现在又渴又饿

1. 听力:
   ① 女: 老师在办公室里吗?
   男: 老师不在办公室。他在教室里。
   问: 老师在哪儿? (B)
   ② 女: 妈妈做的面条好吃吗?
   男: 妈妈做的面条很好吃。
   问: 妈妈做的什么好吃? (B)
   ③ 男: 你渴不渴?
   女: 我很渴，你有水吗?
   问: 女的想要什么? (A)
   ④ 女: 我要的那本汉语字典呢?
   男: 对不起，字典被别人借走了。
   问: 女的想借什么? (B)
2. ① A　② B　③ A　④ B　⑤ C
4. A: 学校离你家远不远?
   B: 学校离我家不远，很近。
   A: 几分钟可以走到学校?
   B: 走路走五分钟可以到学校。
6. ① 被　② 对　③ 办

15 我马上回去

1. 听力:
   ① 女: 奶奶的生日礼物准备好了吗?
   男: 放心吧，妈妈。准备好了。
   问: 是给谁准备的生日礼物? (B)
   ② 男: 你知道今天是什么日子吗?
   女: 当然知道。今天是母亲节。
   问: 今天是什么节日? (B)
   ③ 男: 给这位女士来一杯咖啡好吗?
   女: 不，给我来一杯果汁吧。谢谢了。
   问: 女士要喝的是什么? (A)
   ④ 男: 我站在哪儿?
   女: 请你站在中间，这样照出来好看。
   问: 他们在做什么? (C)
2. ① 会议上午九点开。
   ② 买衬衫的钱，还差十块钱。
   ③ 刚才是爸爸来的电话。
   ④ 他们要去王老师家。
4. A: 你最喜欢什么运动?
   B: 我最喜欢打篮球。
   A: 打篮球累不累?
   B: 有点累，但是非常有意思。
6. ① 今天是什么日子?
   ② 买完礼物回去。
   ③ 还差十块钱。

16 我最喜欢的季节是秋天

1. 听力
   ① 女: 爸爸，周日您能和我一起去看电影吗?
   男: 这几天工作很忙，到时候再说吧。 (D)
   ② 女: 爸爸刚才来电话说什么了?
   男: 他说去机场接客人。 (C)
   ③ 男: 我不但不喜欢吃烤肉，还不喜欢吃冷面。
   女: 这哪像是韩国人说的话呀? (A)
   ④ 男: 根据天气预报，今天可能有雨。
   女: 那么说，我们今天不能去爬山了? (F)
   ⑤ 男: 春夏秋冬，你喜欢哪个季节?
   女: 我喜欢春天。 (E)
   ⑥ 男: 明天我们去踢球，大家有什么意见?
   女: 我有意见，女同学做什么呀? (B)
2. ① C　② B　③ A　④ E　⑤ D
4. A: 中国人都爱喝茶吧?
   B: 都爱喝。不过，也有很多人爱喝咖啡。
6. ① 方　② 根，场

17 他怎么还不来

1. 听力:
   ① 男: 他怎么还不来?
   女: 我也不知道，要不打电话问问? (√)
   ② 男: 爸爸能和我们一起去旅行吗?

정답

女：我相信他一定会和我们一起去的。 (√)

③ 女：体育老师不在，我们可以休息了吧？
男：即使老师不在，我们也要好好练习。 (×)

④ 男：喂，小红，下雨了。我开车去学校接你吧。
女：爸爸，我自己可以回家，不用来接我。 (×)

⑤ 男：这小女孩真聪明。是谁的女儿？
女：是金老师的女儿。 (√)

⑥ 女：你看见我哥哥了吗？
男：我经过银行时见过你哥哥。 (×)

⑦ 男：他唱歌唱得怎么样？
女：他唱得很好，声音特别好听。 (√)

⑧ 女：奇怪，现在是两点，我的手表怎么是十点多？
男：也许是你的手表坏了吧。 (√)

2. ① B ② A ③ A ④ C ⑤ C

4. A：服务员，我们的房间是几号？
B：你们的房间是106号。
A：怎么走？
B：向前走，右边第一个门就是。
A：谢谢！

6. ① 我从来没吃过冷面。
② 这个小男孩很聪明。
③ 也许是爸爸来了。

18 你汉语不是很好吗

1. 听力：

① 男：妈妈，我决定从明天开始早点儿起床。
女：那么你现在马上睡觉，别看电视了。
问：男孩决定做什么？ (A)

② 女：完成作业了吗？
男：还没有呢。作业有点儿难，我想等哥哥回来再做。
问：男孩想等谁？ (B)

③ 男：下雨了，我们还能打篮球吗？
女：既然下雨了，就别打了。
问：为什么不打球？ (A)

④ 女：你的鼻子和耳朵怎么红了？
男：因为天气太冷了。
问：谁的鼻子和耳朵红了？ (A)

2. ① B ② C ③ D ④ A

4. A：这件衣服颜色真不错，多少钱？
B：200元(块)一件。
A：贵一些，能便宜点儿吗？
B：好的，180元(块)吧。

6. ① 才 ② 既 ③ 词

新HSK 3급 모의문제 [1]

听力材料：

第一部分

一共5个题，每题听两次。

例如：
男：除了上网玩游戏，你还喜欢什么？
女：我还喜欢听音乐，你呢？

现在开始第1题：

1. 男：你的普通话说得真好，是谁教的？
女：是王老师教的。

2. 男：你经常锻炼身体吗？
女：我经常锻炼。不是爬山，就是游泳。

3. 男：这家饭馆做的菜怎么样？
女：又好吃又便宜。

4. 男：请问，一共多少钱？
女：一共150块。

5. 女：雨下得越来越大，怎么回家呢？
男：别担心，把我的伞拿去用吧。

第二部分

一共5个题，每题听两次。

例如：

这次考试，数学和英语考了一百，其他成绩一般。我对这次考试成绩是比较满意的。

★他对自己的考试成绩比较满意。

小明学习一直很努力，也很认真，可他总担心自己的学习。

★小明学习认真，不担心自己的学习。

现在开始第6题：

6. 下午，雨越下越大。我没带伞，是小红借给我雨伞回家的。
★小红把她的雨伞借给了我。

7. 早上起床后，发现眼镜不见了。我问妈妈见没见到我的眼镜，妈妈说，在桌子上面。
★他把眼镜放在电视上面了。

8. 今天，我去了张老师家。她家很好找，就在银行后面的楼房里，是八楼。
★张老师的家在银行后面的楼房里。

9. 听说北京是世界有名的旅游城市，那里有故宫和长城。有机会我一定去北京看看。
★我去北京看了故宫和长城。

10. 中午，我和爸爸、妈妈在饭馆吃了饭。妈妈说饭馆的菜做得很好吃，还便宜。
★妈妈说饭馆的菜不好吃。

听力考试现在结束。

모의문제 [1] 정답

一、听力

第一部分

1. C　2. E　3. A　4. F　5. B

第二部分

6. √　7. ×　8. √　9. ×　10. ×

二、阅读

第一部分

11. B　12. A　13. B　14. C　15. B

第二部分

16. F　17. A　18. E　19. B　20. C

三、书写

21. 回
22. 在
23. 上
24. 去
25. 电

新HSK 3급 모의문제 [2]

听力材料：

第一部分

一共5个题，每题听两次。
例如：
男：你最近几乎天天不来上学，怎么了？
女：因为我生病了。

现在开始第1题：
1. 男：我记得你爷爷身体不太好，现在怎么样了？
女：我爷爷现在很健康，每天都锻炼身体。
2. 男：这儿的环境真好，有蓝天、白云和可爱的小鸟。
女：我觉得这里就像画一样。
3. 男：我的牙很疼。
女：你应该去医院检查检查。
4. 男：这样可以吗？
女：左边低了，再高一点儿。
5. 男：下雨了，你带雨伞了吗？
女：带了，我们一起回家吧。

第二部分

一共5个题，　每题听两次。
例如：
我打算下个星期去北京旅游，想请邻居帮我照顾我的小猫。
★他打算带小猫去旅游。

因为他上课总是睡觉，老师都生气了。
★他上课爱睡觉。

现在开始第6题：
6. 中间这位穿衬衫的男士不是我爸爸，是我的体育老师。
★穿衬衫的男人是他的老师。
7. 厨房里的盘子和筷子旧了，我想换新的。
★他家的灯旧了。
8. 去动物园先坐地铁，然后再坐公共汽车。
★去动物园要先坐公共汽车，然后再换地铁。
9. 今天是妈妈的生日，但是爸爸有个重要的会议，很晚才能回家。
★爸爸今天不回家。
10. 哥哥过去又矮又胖，现在又高又瘦。
★哥哥过去很胖。

第三部分

一共5个题，每题听两次。
例如：
男：你知道明天是什么日子吗？
女：当然知道。明天是爸爸的生日，我哪能忘呢？
问：明天是谁的生日？

现在开始第11题：
11. 男：你喜欢秋天吗？
女：我不喜欢秋天，我最喜欢冬天。
问：女的最喜欢哪个季节？
12. 男：天气预报说明天有雨，我们还去旅游吗？
女：即使明天下雨，我们也要去。
问：他们要做什么？
13. 男：根据大家的意见，下午我们打算开会。你能参加吗？

女：对不起，我下午要去医院。
问：女的下午去哪儿？
14. 男：我应该往哪儿走？
女：一直向前走就是超市。
问：男的要去哪儿？
15. 男：我不喜欢吃包子，也不喜欢吃饺子。
女：这哪像是中国人说的话呀？
问：男的是哪国人？

第四部分

一共5个题，每题听两次。
例如：
女：我的眼睛有点儿不舒服。
男：我看看，怎么这么红？
女：可能是昨晚睡得太晚了。
男：那你好好儿休息吧。
问：女的哪里不舒服？

现在开始第16题：
16. 男：学校举行的歌舞比赛你看了吗？
女：看了。很有意思，水平也很高。
男：我觉得一年级的节目最好。
女：我不这么认为。我觉得二年级的节目最好。
问：男的觉得几年级的节目最好？
17. 男：姐姐，我现在又饿又渴。
女：冰箱里有西瓜，你吃西瓜吧。
男：但是我不喜欢吃西瓜呀。
女：那我给你买蛋糕吧。
问：姐姐要给弟弟买什么？
18. 女：奇怪，我的字典刚才还在这儿，怎么没了呢？
男：可能是被别人拿走了。
女：你知道哪里还有这本字典吗？
男：我记得小明那里有。
问：女的需要什么？
19. 女：中间这位穿裙子的人是谁？
男：你不认识？他就是我们学校的校长。
女：我以为是你妈妈呢。
男：旁边这位是我妈妈。
问：中间那个人是谁？
20. 女：我想要一个小一点儿的。
男：您看这个可以吗？
女：可以。你们可以在上面写一句话吗？
男：当然可以，但不能太长。
女：那就写“生日快乐”吧。
问：女的在买什么？

听力考试现在结束。

모의문제 [2] 정답

一、听力

第一部分

1. E　2. D　3. A　4. C　5. B

第二部分

6. √　7. ×　8. ×　9. ×　10. √

第三部分

11. B　12. C　13. C　14. B　15. B

第四部分

16. A　17. B　18. C　19. C　20. A

二、阅读

第一部分

21. B　22. F　23. C　24. D　25. A

第二部分

26. C　27. B　28. D　29. A　30. E

第三部分

31. B　32. B　33. B　34. C　35. A

三、书写

第一部分

36. 我们一家人要去旅行了。
37. 你认识这个汉字吗？
38. 你妹妹长得真可爱。
39. 今天的天气好极了。
40. 我不愿意去医院。

第二部分

41. 只
42. 电
43. 相
44. 即
45. 多

MEMO

MEMO